School

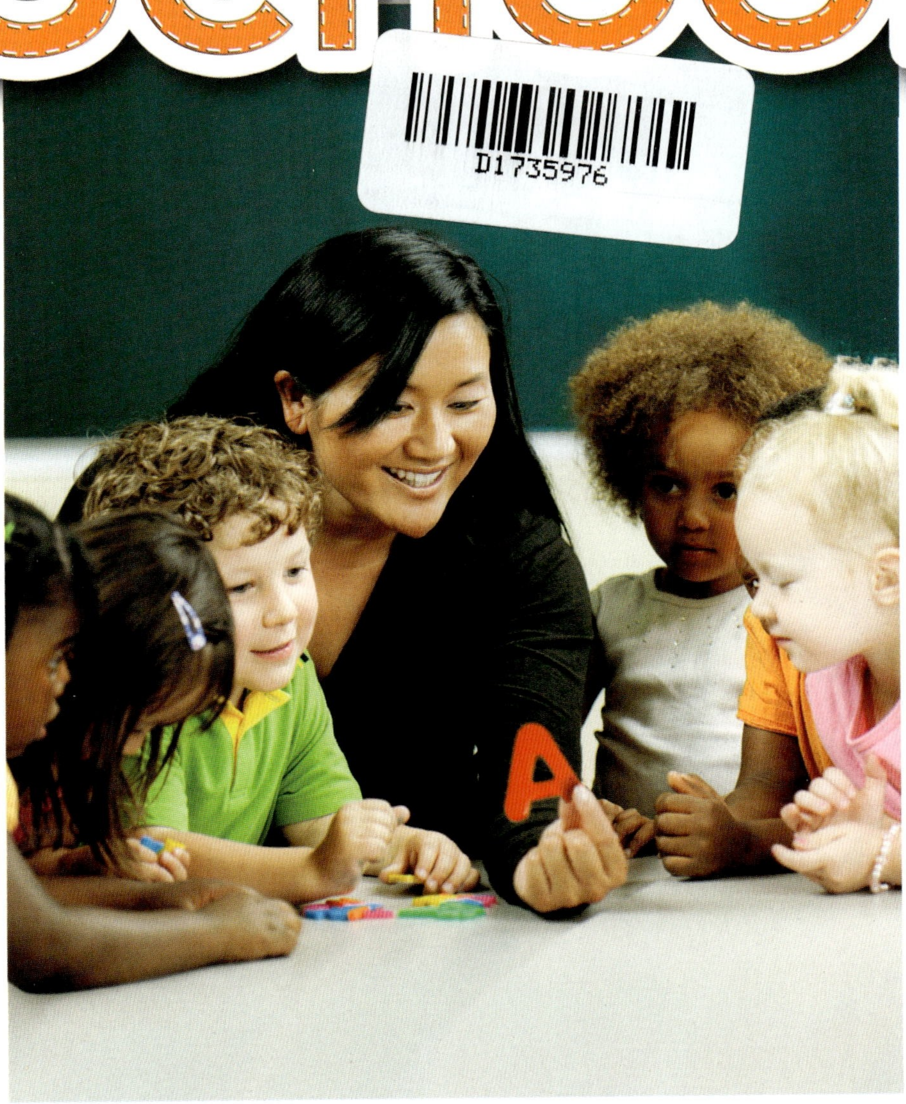

Stephanie Reid

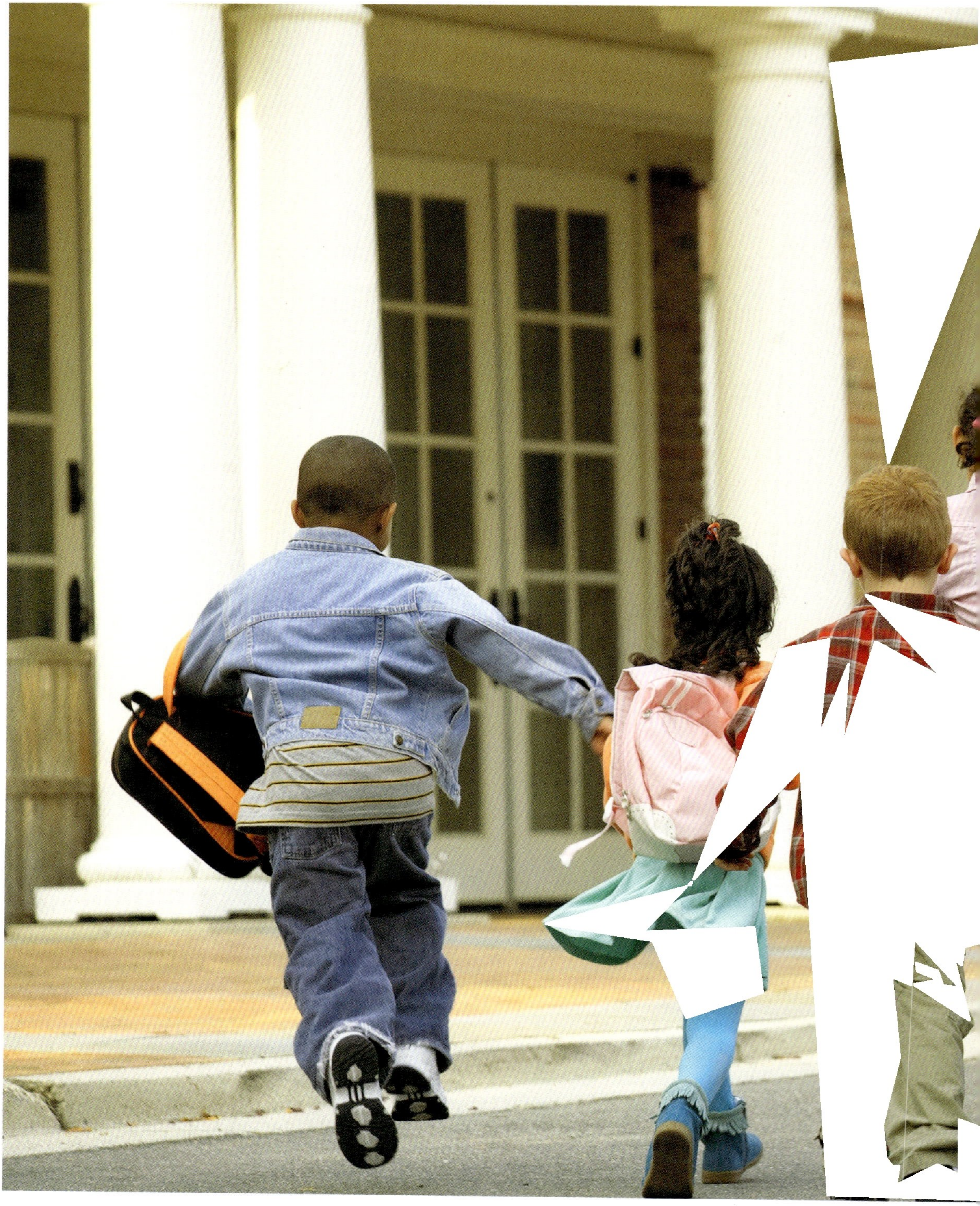

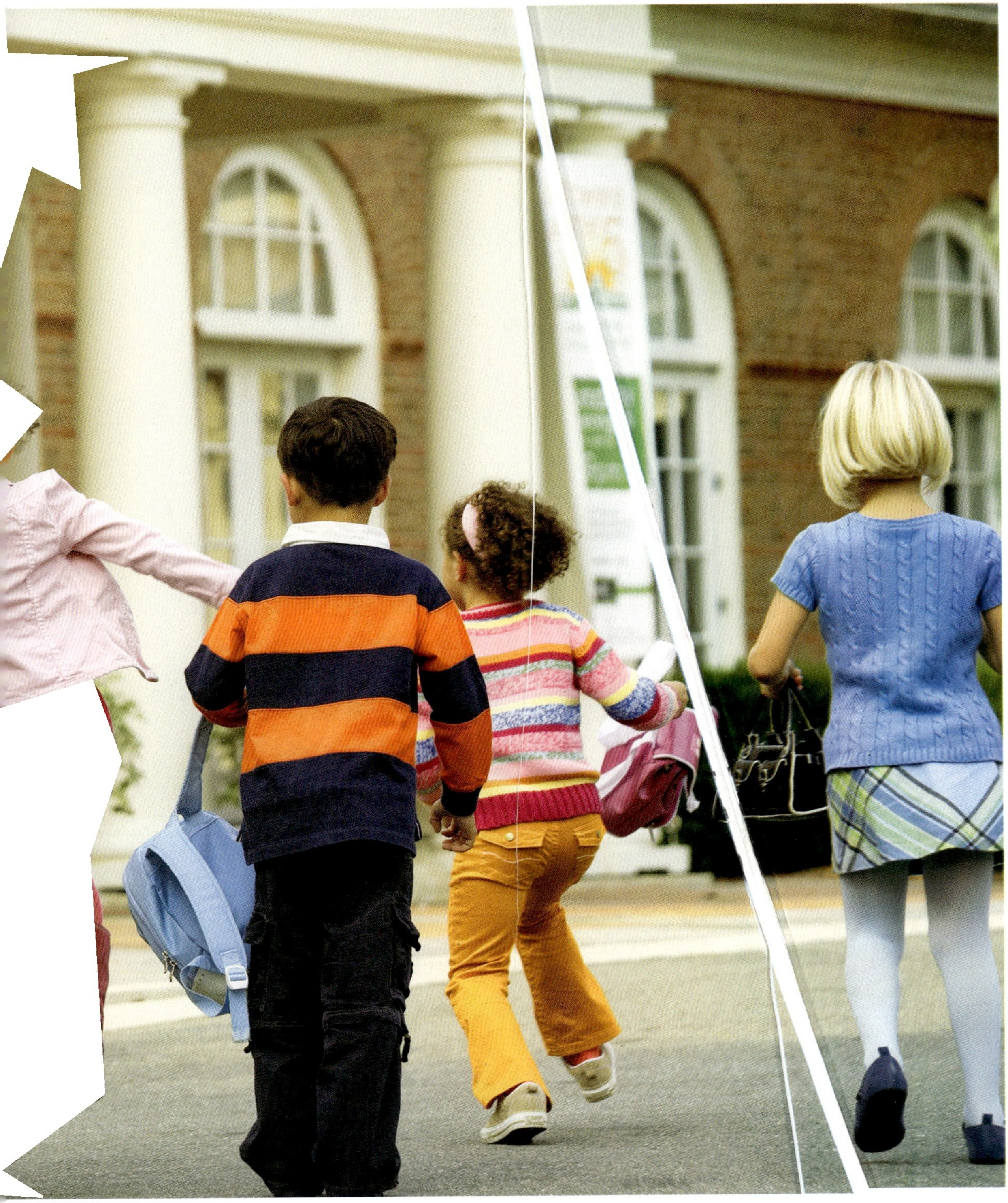

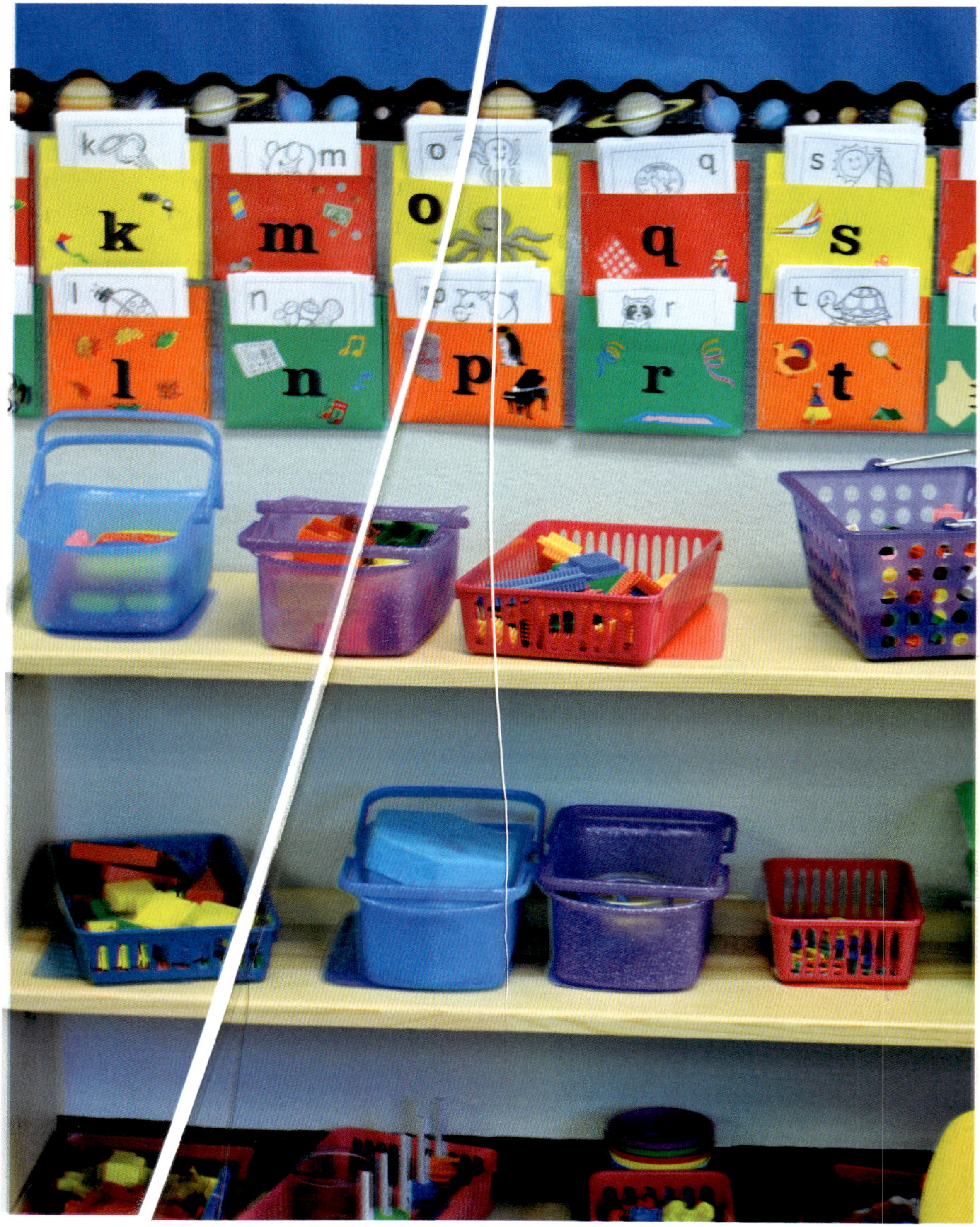
k
m
o
q
s
l
n
p
r
t

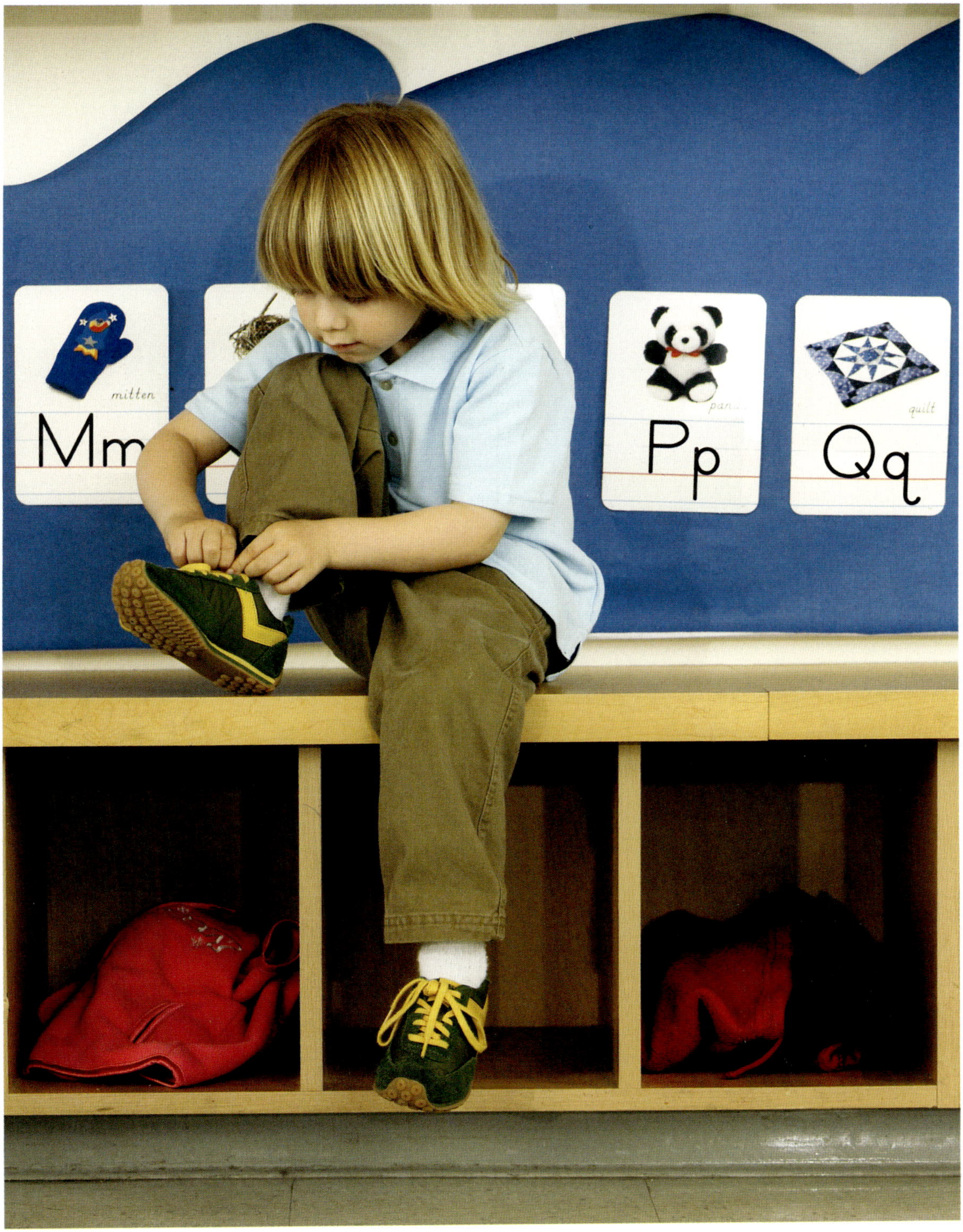
mitten
Mm
Pp
quilt
Qq

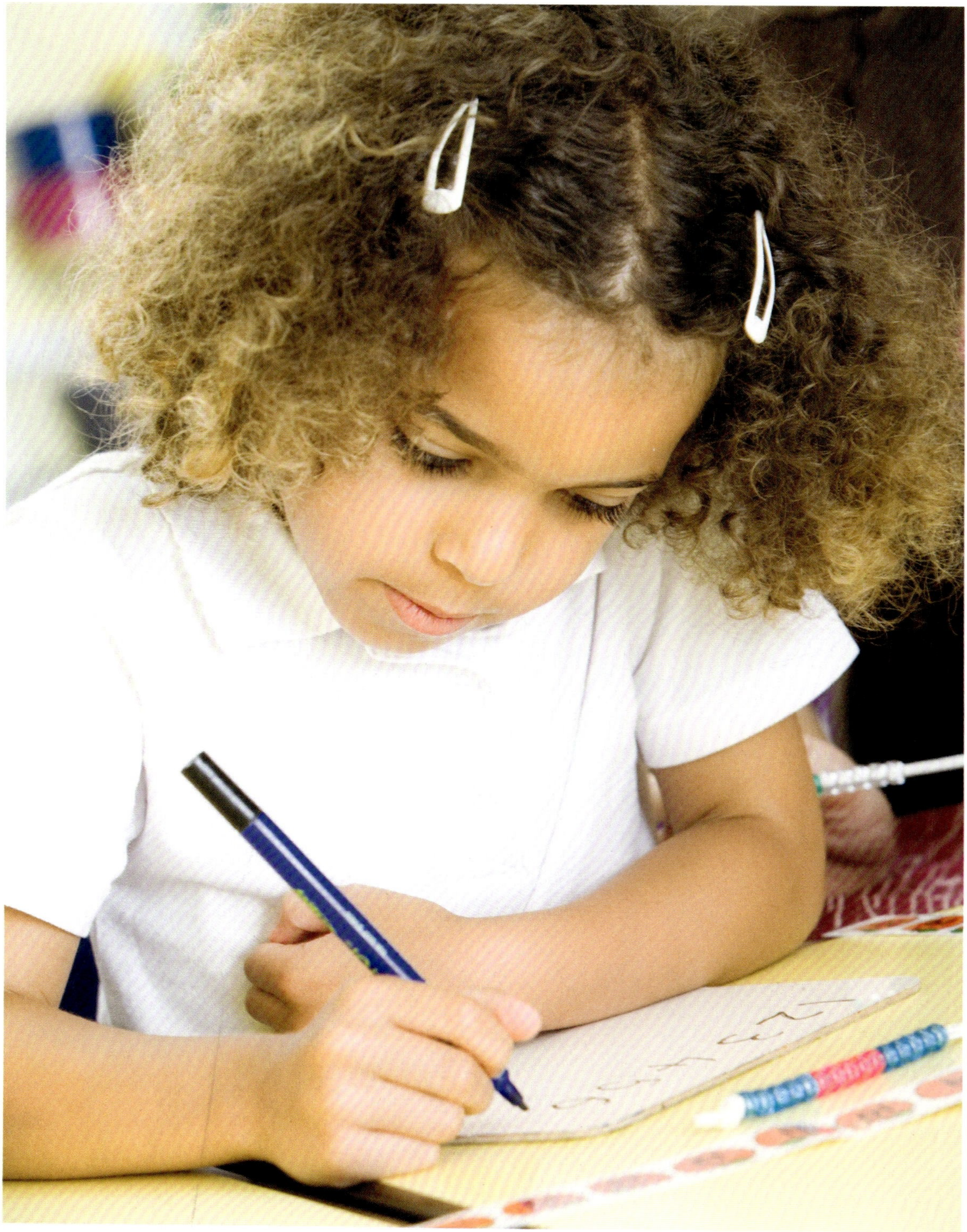

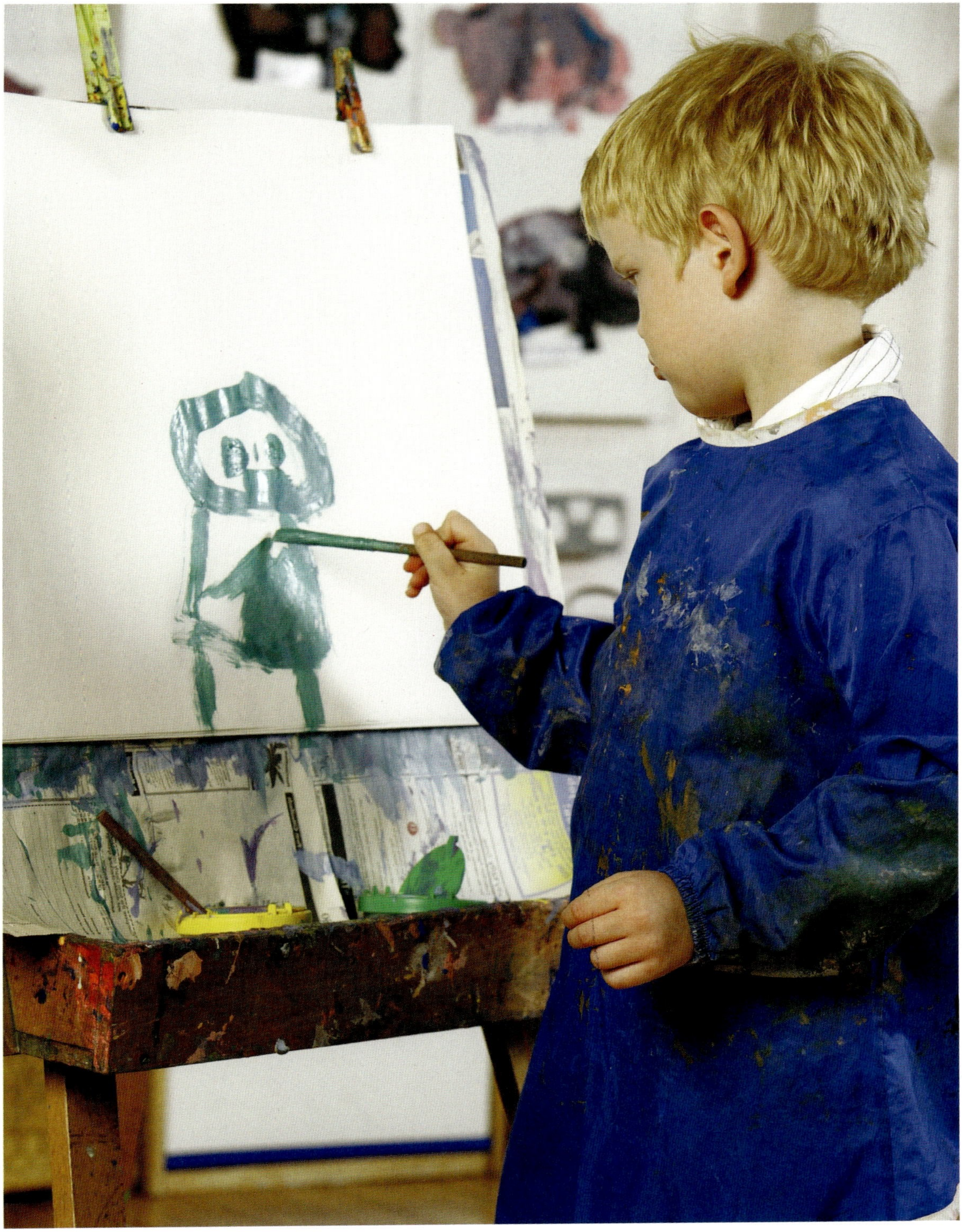

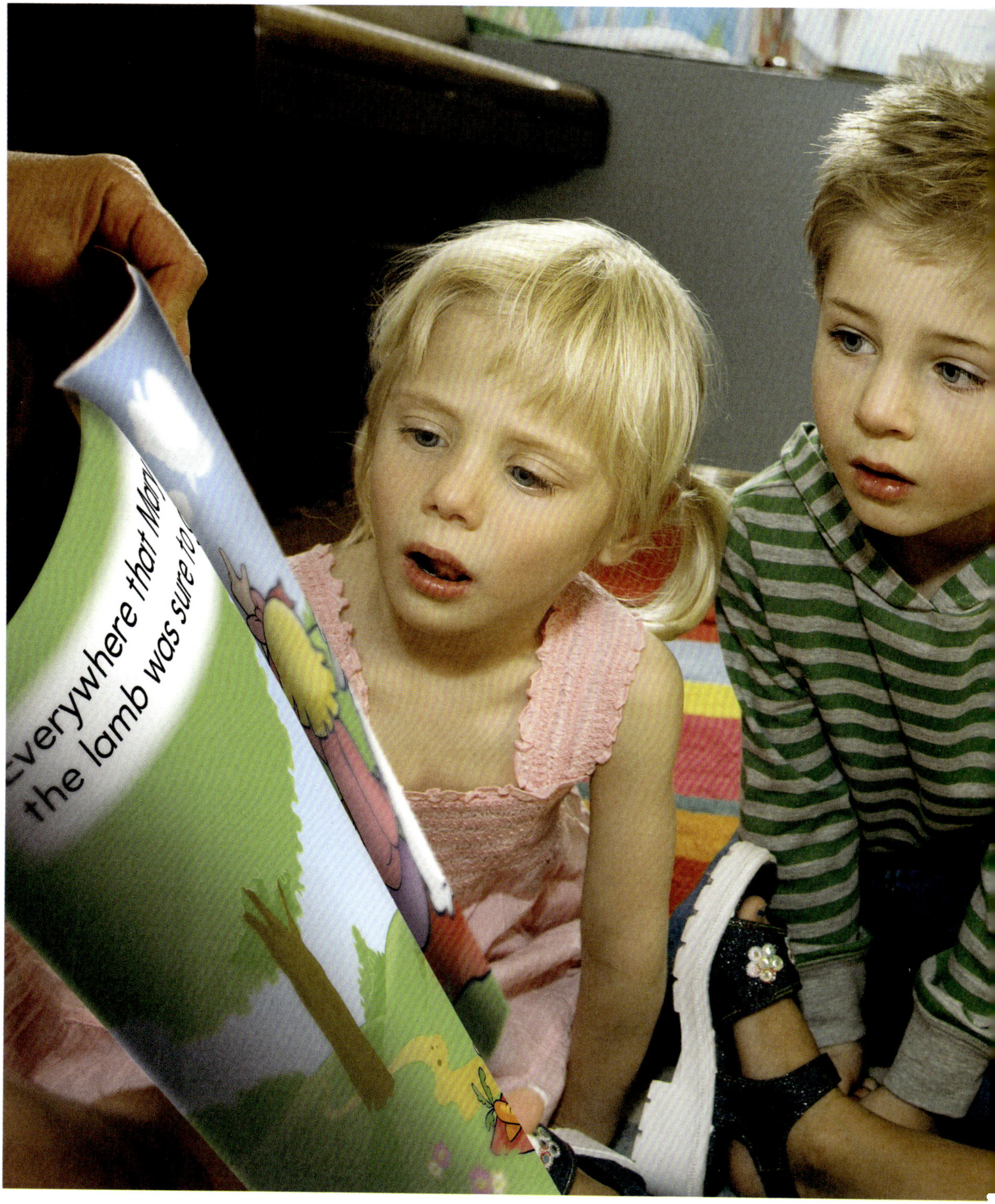
everywhere that
the lamb was sure

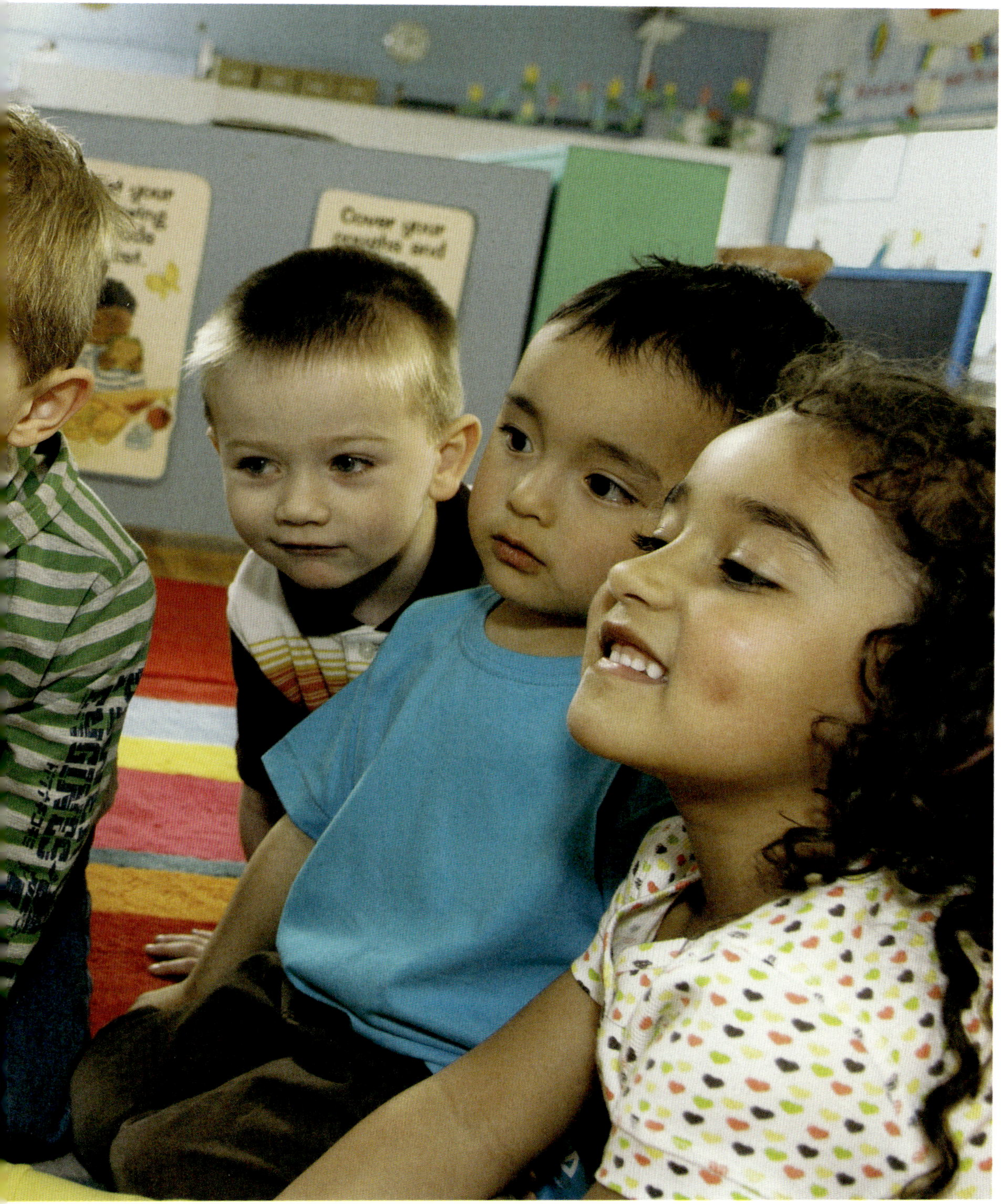

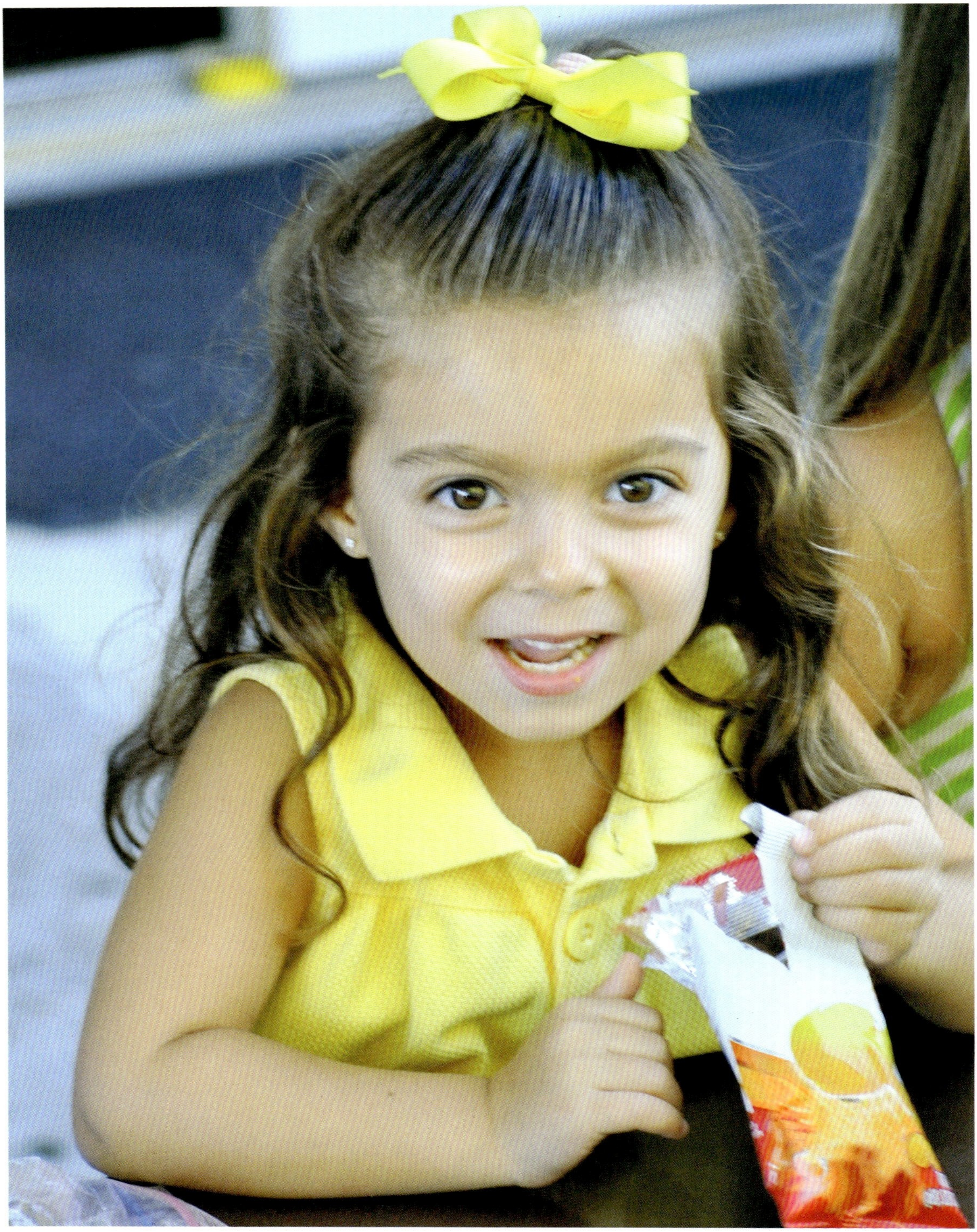

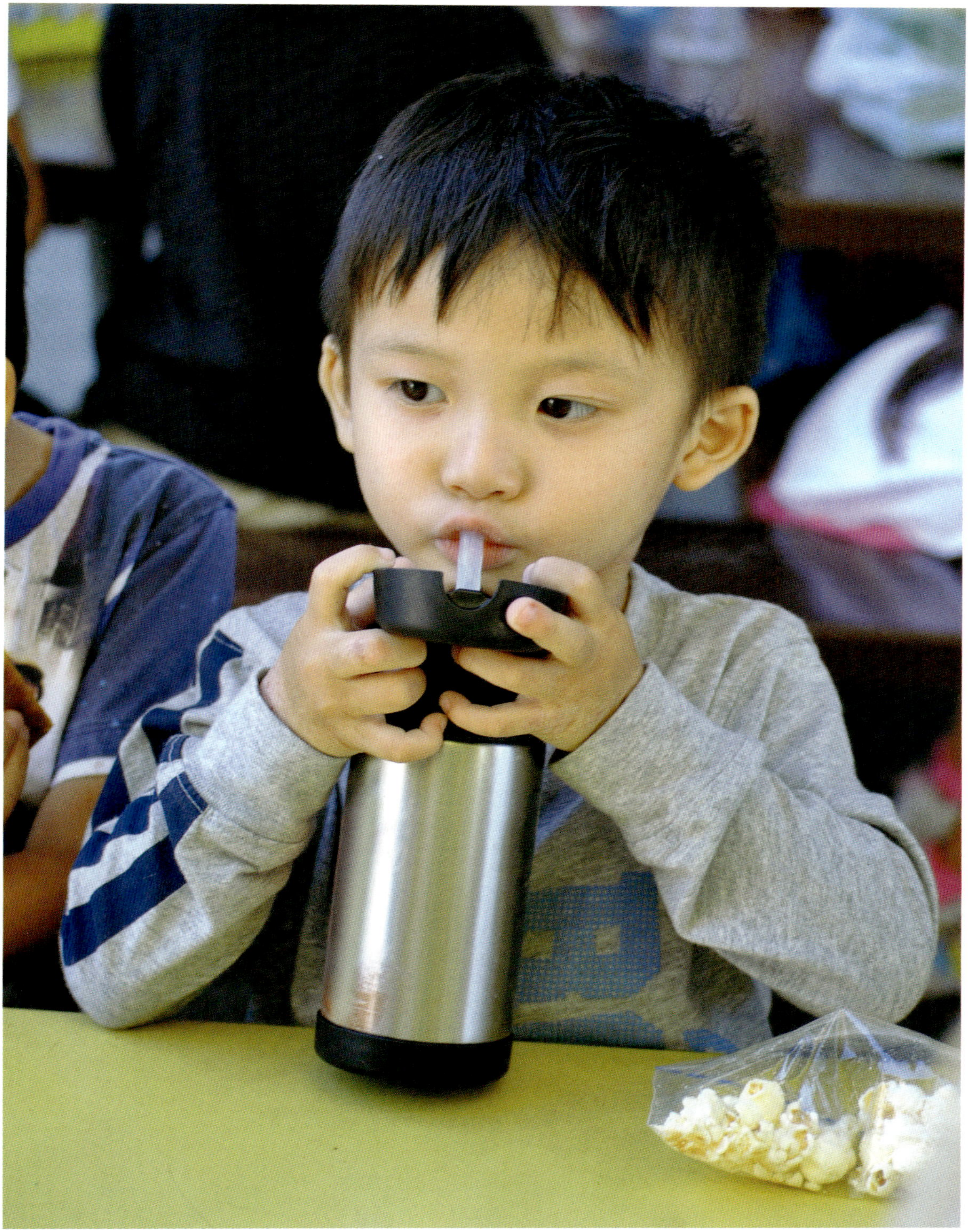

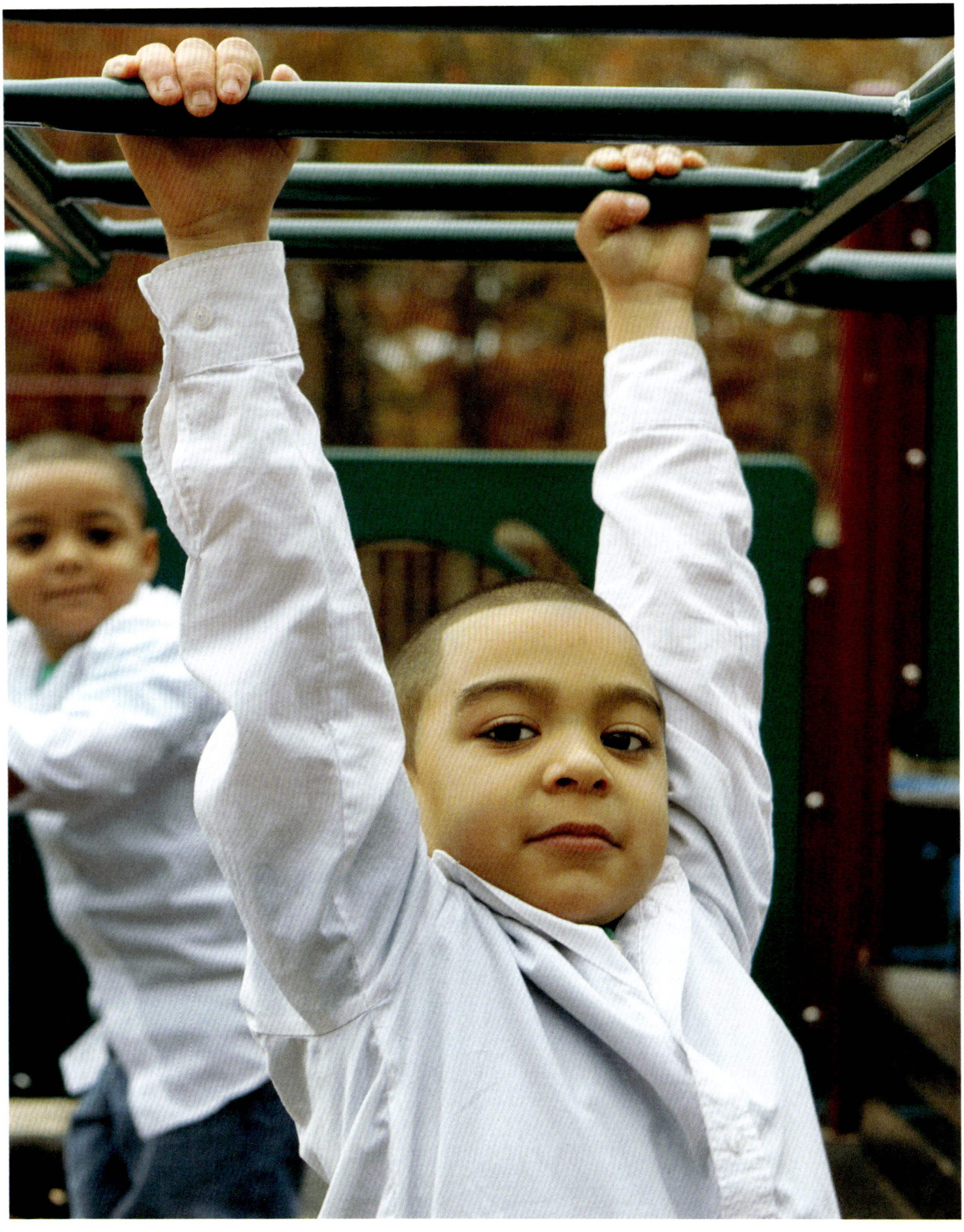

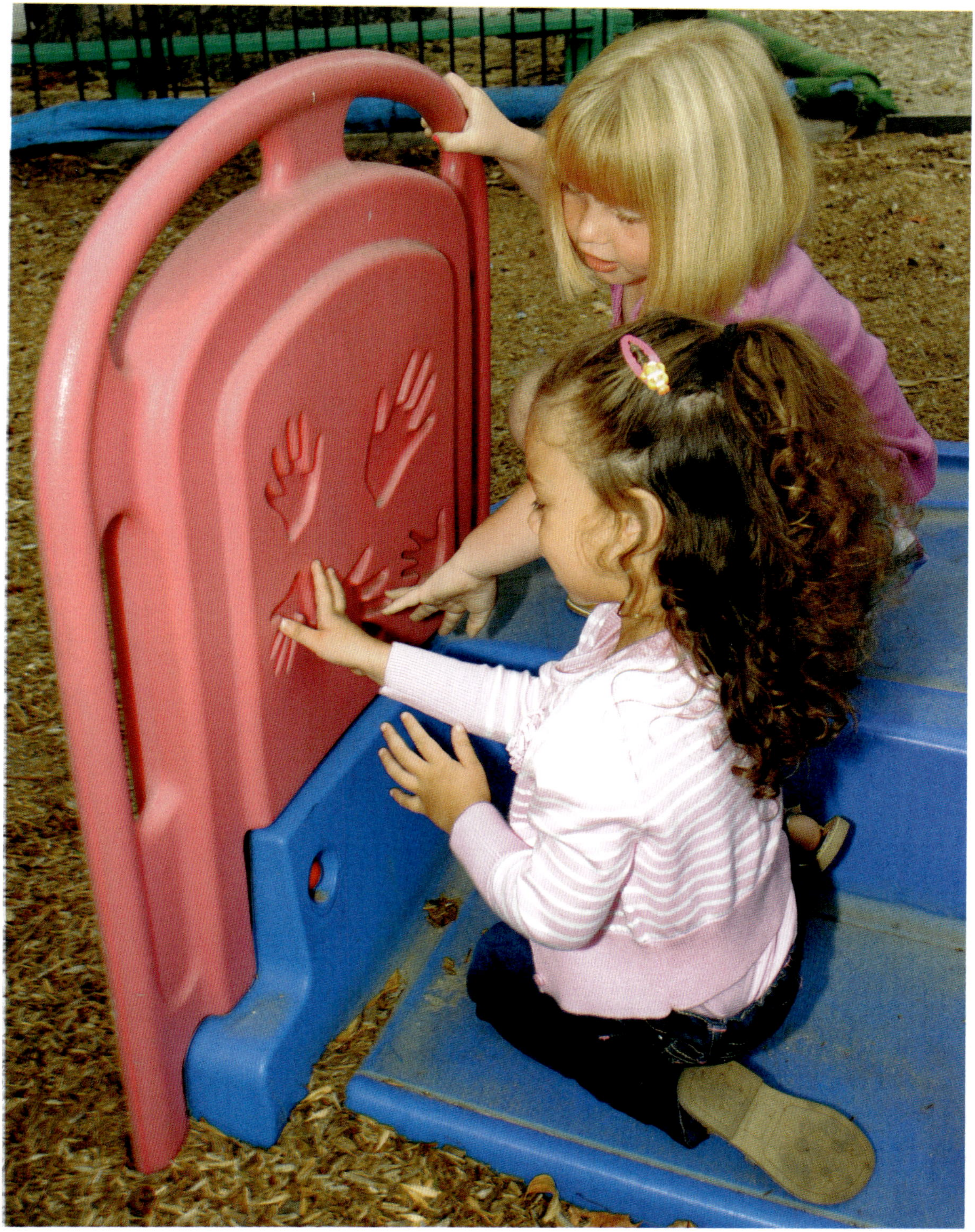

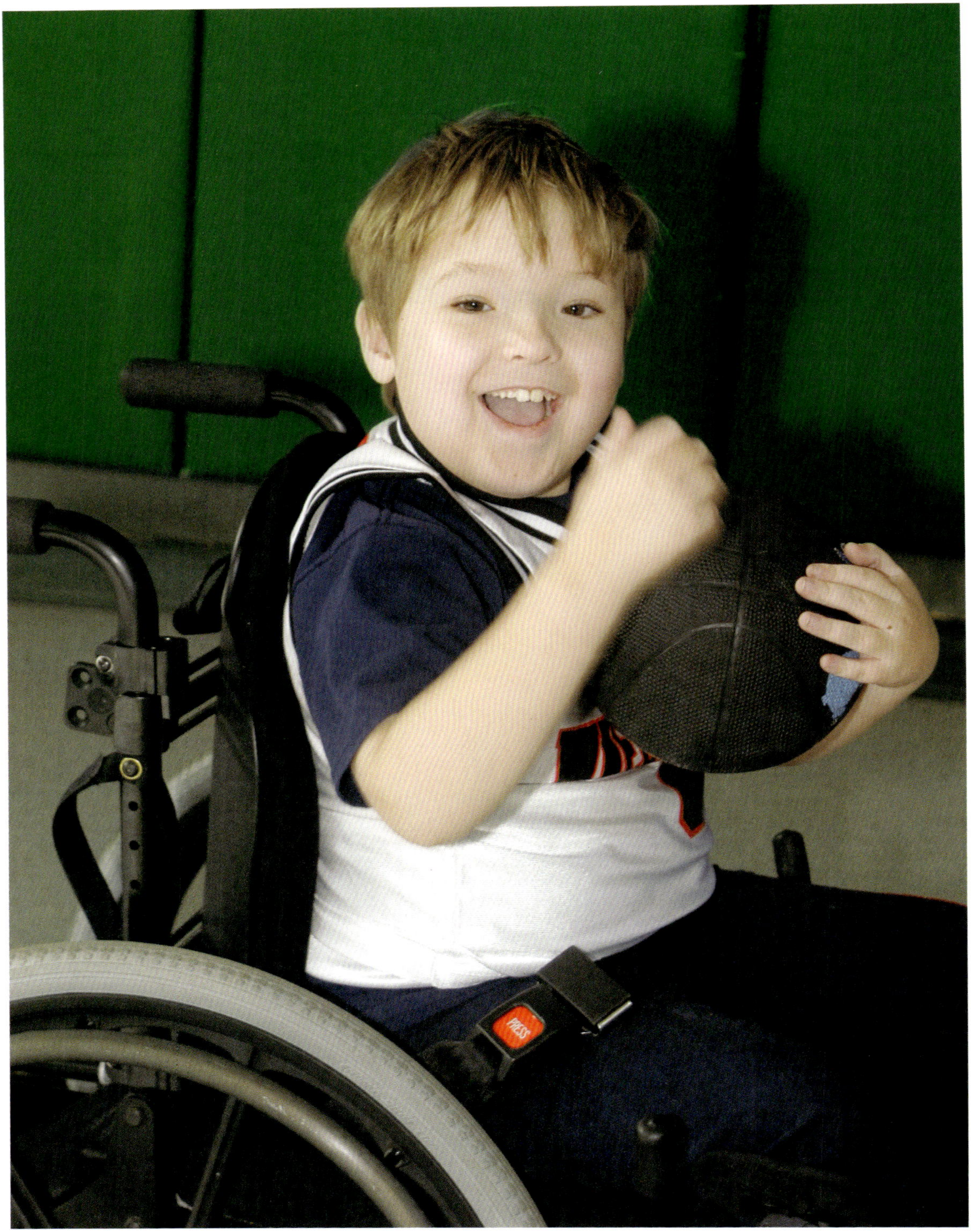
PRESS

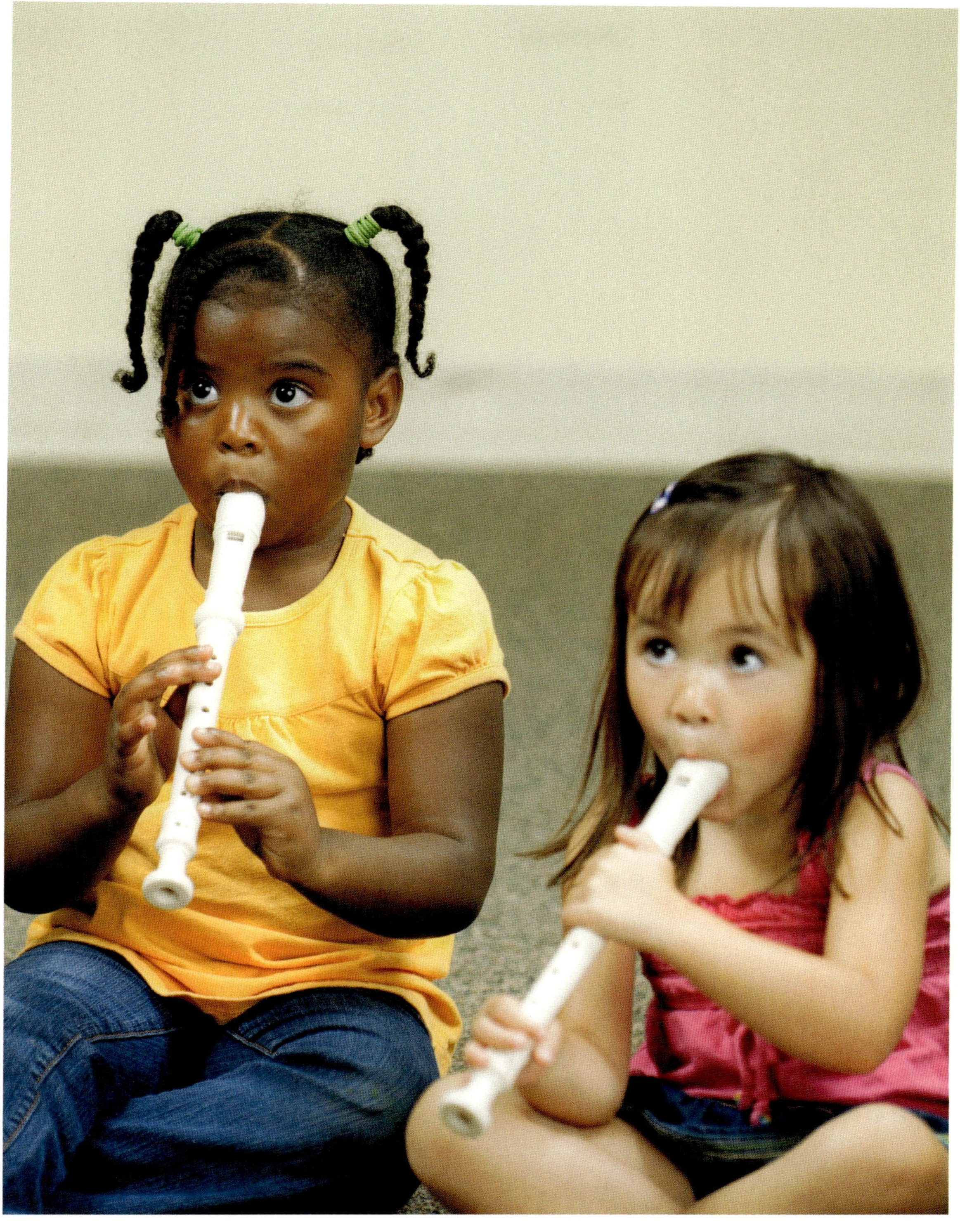

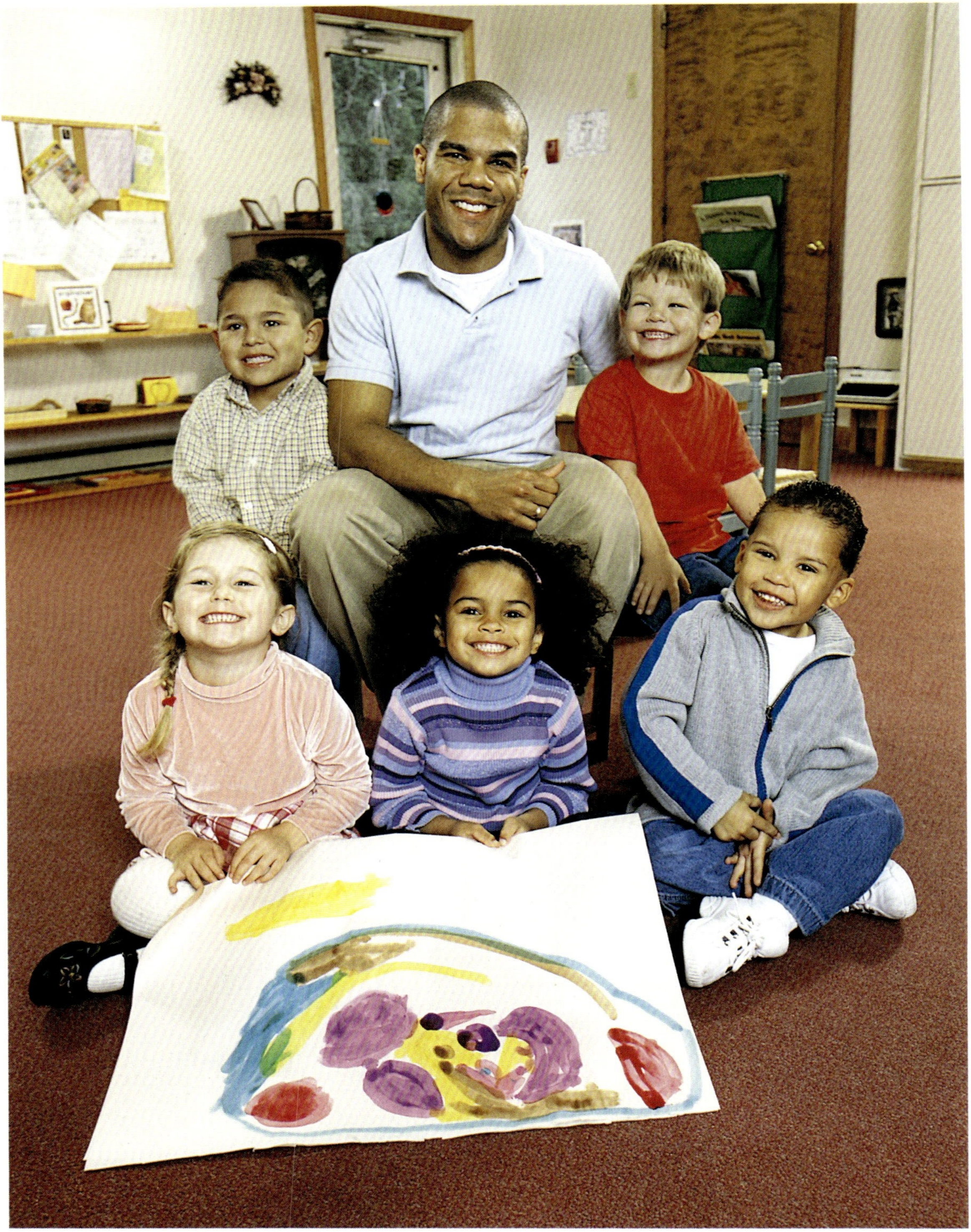